IM LANDE MERLINS

IM LANDE MERLINS
CORNWALL

Photographie Martin Thomas

BUCHER

Heinz Wohner kolorierte den Schutzumschlag
und die Farbabbildungen dieses Bandes.

Anthologie: Agnes Steinbauer
Lektorat: Brigitte Leierseder-Riebe
Graphische Gestaltung: Peter Schmid, Dieter Löbbert (Text)
Herstellung: Johannes Eikel, Angelika Kerscher

Printed and bound in Germany
ISBN 3 7658 0504 1

Inhalt

Wer Cornwall und seine Einwohner
verstehn will, muß sich ihre Vorstellungskraft
aneignen und in die Zeiten zurück wandern.

DAPHNE DU MAURIER

Auf den Spuren von König Artus

Artus ist für Cornwall, was Theseus für Griechenland ist. Überall stößt man auf seinen Mythus. Hier war es, wo Artus saß oder wo Artus schlief, auf diesem Stein hielt er Tafel, auf diesen Mooren jagte er; Tintagel war sein Geburtsort, Castle-an-Dinas sein Jagdschloß, in Slaughter-Bridge bei Camelford empfing er die tödliche Wunde, in den Warbstowhöhlen liegt sein Grab. Nicht in Cornwall allein, sondern auch in Somerset und Wales und jenseits des Kanals, in der Bretagne, ist Artus ein Held; ein keltischer Krieger, ein bretonischer Fürst, ein cornischer König. Die Barden sangen sein Lob, die Erzähler meldeten seine großen Taten, seine Schlachten, seine Eroberungen, und das Volk flüsterte noch nach Jahren, wenn es den Sachsen-Königen Tribut zahlen mußte, wie Artus wiederkommen und sie befreien werde. Später schrieben die Chronisten des Mittelalters, wie König Artus das Zeitalter der Ritterschaft geschaffen hatte, von Lanzenstechen, von Turnieren, von der Errettung der Jungfrauen, die der Stab eines Zauberers oder das Schwert eines Wegelagerers gefangenhielt, von der Suche nach dem heiligen Gral, und so wurde die Sage von der Tafelrunde geboren.

DAPHNE DU MAURIER

Die Anfänge aller Dinge

Es war einmal vor langer Zeit eine Geschichte, die hatte die Wasserstimme geflüstert; die wehte das Echo heraus aus den Bäumen in den goldenen Mulden hinter der Wüste, die scharrte am Holz, bis die Vögel mit ihrem feinen Gehör und alle die Tiere gesprungen kamen. Aus einem Fenster in der Flut flog ein Rabe an ihm vorbei zum blinden Windturm, der im Zorn von morgen erbebte wie eine aus Unwettern und Wolkenfetzen gemachte Vogelscheuche.

DYLAN THOMAS

wo das Meer unaufhörlich
das Land fraß, fiel es nicht schwer,
an die versunkenen Länder
im Westen zu glauben.

MARION ZIMMER BRADLEY

Die Hirten glaubten,

die Burg sei vom Alten Volk
erbaut worden, den Bewohnern
der versunkenen Länder
Lyonness und Ys.

Selbst mitten im Sommer
war Tintagel ein gespenstischer Ort.
Igraine, die Gemahlin des Herzogs Gorlois,

Lange schwarze Felsenarme ragten
scharf und zerklüftet vom Festland in die See.
Wenn die Sonne schien, konnte alles

klar sein und leuchten. Dann funkelten
Himmel und Wasser wie die Juwelen,
mit denen Gorlois sie an dem Tag überschüttet
hatte, an dem sie ihm sagte,
sie sei schwanger und erwarte sein erstes Kind.

MARION ZIMMER BRADLEY

Ein König wird geboren

Nachdem die Tafelrunde begründet war, erschien Merlin drei Jahre lang nicht am Hofe Uther Pendragons. Und schon verbreitete sich das Gerücht im Lande, er sei gestorben. Am Pfingstfeste des folgenden Jahres war die Tafelrunde wiederum zu Cardoell versammelt. Während des Festes gewahrte Uther Pendragon plötzlich einen seltsamen Ritter auf dem Platze, der nach dem Rate Merlins immer freigehalten wurde. Eben wollte er sich ein Herz fassen, den Fremden anzureden, da sank die Gestalt in sich zusammen wie ein bleischwerer dunkler Schatten.

Einige Zeit darauf trat Merlin in die Halle. Er riet dem König, von nun an alle hohen Feste des Jahres in Cardoell zu feiern, und verließ ihn an diesem Abend nicht mehr.

Unter den Gästen, die zugegen waren bei diesem Feste, war auch der Herzog von Tintagel mit seiner Gemahlin Ygerne. Da Uther Pendragon Ygerne erblickte, erschien sie ihm schöner als jedes weibliche Wesen auf der Erde, und sein Herz begehrte von diesem Augenblick an nach einem Zeichen ihrer Gunst.

Er übersandte allen Frauen und Mädchen, die auf dem Feste zugegen waren, kostbare Juwelen in der Hoffnung, dem edlen Herzen Ygernes damit eine Freude zu bereiten. Ygerne aber verließ bald darauf mit ihrem Gatten das Fest.

Am nächsten Osterfest wiederholte der König seine kostbaren Geschenke. Und als alle Gäste gegangen waren, blieb er in

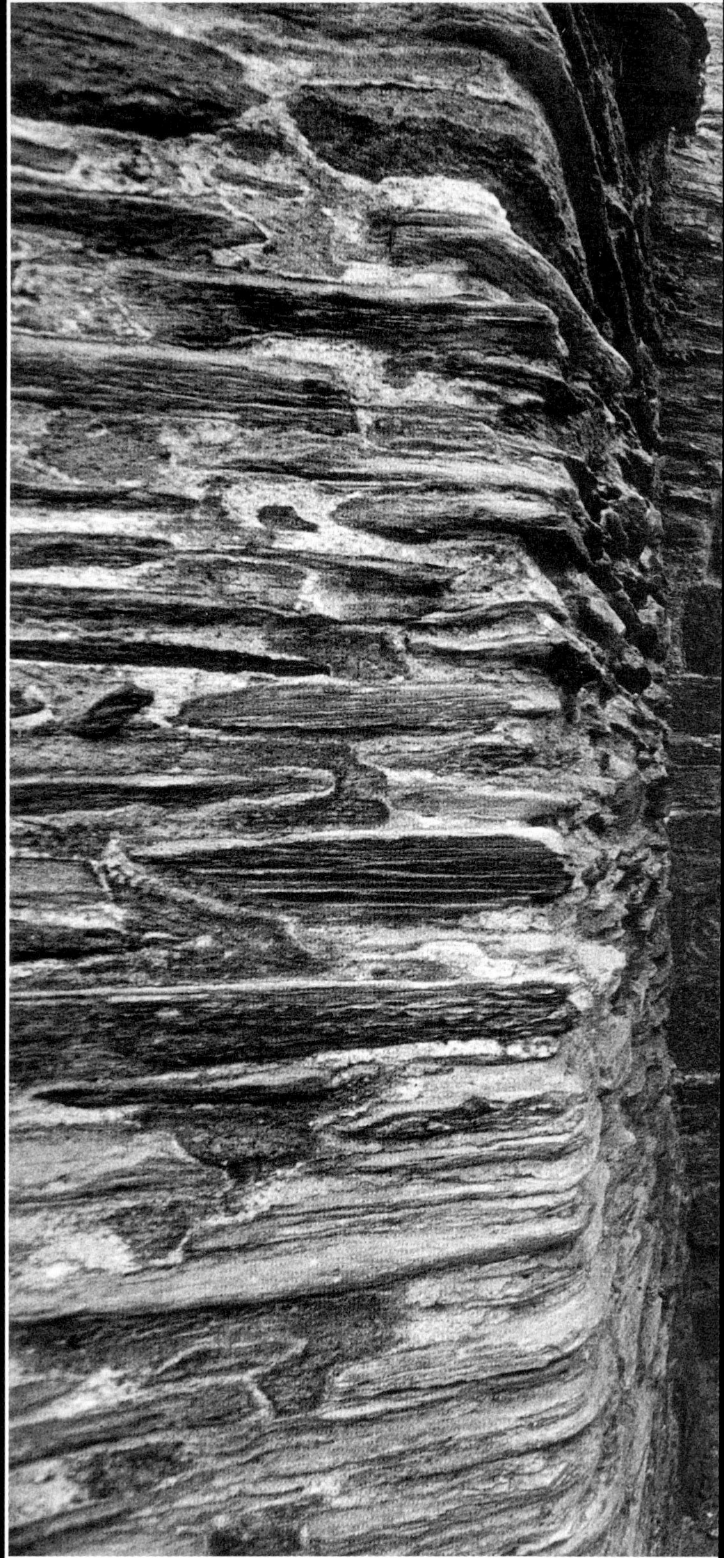

Trauer und großem Herzeleid zurück. Bald darauf gab er ein neues Fest. Diesmal ließ er Ygerne durch Bretel, den Begleiter des Herzogs, einen goldenen Becher überreichen. Ygerne errötete vor Scham; denn sie liebte den König nicht. Aber der Herzog, der nichts wußte von der unglücklichen Zuneigung des Königs, riet ihr, den Becher anzunehmen.

Als der Herzog nach dem Fest das Gemach seiner Gemahlin betrat, fand er sie weinend und erfuhr von ihr, daß Uther Pendragon sie zur Gemahlin begehrte. Voller Ingrimm gebot der Herzog aufzubrechen, und bald darauf verließ er die Burg des Königs.

Als der König von dem plötzlichen und heimlichen Aufbruch hörte, erfaßte ihn heftiger Zorn. Er sandte zwei Botschafter nach Tintagel, die den Herzog aufforderten, unverzüglich mit seiner Gemahlin an den Hof zurückzukehren:

Der Herzog aber sprach: «Der König hat mich und meine Gemahlin beleidigt. Darum kann ich ihn nicht mehr lieben und kündige ihm den Gehorsam.»

Es entbrannte daraufhin eine Fehde zwischen Uther Pendragon und dem Herzog, der im Verlaufe dieses Kampfes vom Fußvolk, das ihn nicht kannte, gegen den Willen des Königs erschlagen wurde.

In der Nacht aber, in der das geschah, kam Merlin zum König und sprach: «Ich will dir helfen, daß dein Herzenswunsch erfüllt werde, wenn du mir versprichst, mir das zu geben, was ich von dir fordern werde.»

«Fordere, was du willst», rief der König, «ich werde dir alles gewähren.»

Und Merlin sagte: «Versprich mir den ersten Sohn, der dir geboren wird, so will ich dir Ygerne als Gemahlin zuführen.»

Und Uther Pendragon versprach ihm seinen Sohn.

Da gab Merlin ihm die Gestalt des Herzogs von Tintagel; er selbst nahm die Gestalt des Bretel an. So begaben sie sich nach Schloß Tintagel, wo Ygerne unter der Obhut von zehn tapferen Rittern weilte, und sie empfing Uther Pendragon freudig als ihren Gemahl. Am nächsten Morgen verabschiedeten sie sich in großer Eile. Merlin führte den König an einen Fluß und gebot ihm, sich zu waschen. So gewann der König seine wahre Gestalt zurück. Merlin nahm seine eigene Erscheinung wieder an und begleitete Uther Pendragon in sein Heerlager.

Dort hörte der König, daß der Herzog einige Stunden, bevor er in seiner Gestalt bei Ygerne weilte, erschlagen worden war. Über diese Nachricht war er sehr betrübt; denn er hatte seinen Tod nicht gewollt.

Die Fehde wurde beendet, und nach vierzehn Tagen ließ er Ygerne mit sicherem Geleit nach Cardoell bringen. Dort gestand er ihr sein magisches Bündnis mit Merlin. Er gewann die Verzeihung und Liebe der edlen Ygerne und feierte nach zwei Tagen in großer Pracht mit ihr Hochzeit. Die Festlichkeiten dauerten fünfzehn Tage. Nach einiger Zeit gebar Ygerne einen Sohn. Sie tauften ihn auf den Namen Artus.

In der Nacht nach der Taufe brachte Uther Pendragon das Kind in einen dunklen Hain nahe der Burg, wo Merlin in der Gestalt eines alten Mannes auf ihn wartete. Merlin hüllte das Kind in seinen Mantel und entschritt in die Nacht.

MARIA CHRISTIANE BENNIG

So wurde der Knabe Merlin anvertraut, und der trug ihn zu Sir Ector, ließ ihn durch einen heiligen Mann taufen und nannte ihn Artus; und Sir Ectors Weib stillte das Kind selbst an ihrer Brust.

SIR THOMAS MALORY

Von Uther Pendragons Tod

Nach zwei Jahren befiel König Uther Pendragon ein schweres Leiden. In dieser Zeit drangen seine Feinde ins Land, lieferten seinem Heer eine große Schlacht und erschlugen viele seiner Leute. Herr, sagte Merlin, Ihr dürft nicht daliegen, Ihr müßt ins Feld, und wenn Ihr Euch von den Pferden in einer Sänfte tragen laßt; denn Ihr werdet niemals über Eure Feinde triumphieren, wenn Ihr nicht selbst dabei seid, doch dann wird der Sieg Euer sein. So wie Merlin geraten hatte, führte man da den König in einer Sänfte an der Spitze einer großen Schar gegen den Feind. Bei St. Albans stieß der König auf ein starkes Heer der Nordmänner. An diesem Tage vollbrachten Sir Ulfius und Sir Brastias große Waffentaten, und König Uthers Mannen besiegten die Nordmänner in der Schlacht, erschlugen viele von ihnen und zwangen die übrigen zur Flucht. Darauf kehrte der König nach London zurück und feierte seinen Sieg. Und dann befiel ihn wieder eine schwere Krankheit, so daß er drei Tage und drei Nächte nicht mehr sprechen konnte. Das bekümmerte die Barone sehr, und sie fragten Merlin, was am besten zu tun sei. Es gibt kein anderes Mittel, sagte Merlin, als daß Gottes Wille geschehe. Aber findet ihr Barone euch alle morgen früh beim König ein, und Gott und ich werden ihn zum Sprechen bringen. So traten am nächsten Morgen alle Barone zusammen mit Merlin vor den König, und Merlin sagte laut zu ihm: Herr, soll Euer Sohn Artus nach Euch in diesem Reiche und allen zugehörigen Gebieten König sein? Da wandte sich Uther Pendragon ihm zu und sprach, daß alle es hörten: Ich gebe ihm Gottes Segen und den meinen und bitte ihn, für meine Seele zu beten und nach Recht und Würde die Krone in Besitz zu nehmen, auf daß er meinen Segen nicht verwirke. Nach diesen Worten gab er den Geist auf und wurde dann bestattet, wie es einem König zukommt, und die Königin und alle Barone trauerten sehr.

SIR THOMAS MALORY

Lied

Leises Lachen des Lichts
Im gleißenden Himmel
Dämmert auf über Tiefen
Des Erinnerns

Könnte ich lauschen,
Hörte ich,
Könnte ich schauen,
Sähe ich
Die rollenden Wogen
Lautlosen Meeres.

Doch Augen blenden mich,
Gedanken binden mich,
Zeit fesselt mich,
Ich wende mich ab.

Ich war es, die lachte,
Und ich war der Tag,
Der Freudenschauer
Und der Bogen des Lichts,
Über den Himmel gespannt.

KATHLEEN RAINE

E 215
BD107
BD69
BD35

Dunkle Wolken über Britannien

Danach schwebte das Reich lange Zeit
in großer Gefahr, denn jeder Lord,
der viele Mannen unter sich hatte,
machte sich stark, und viele glaubten,
sie könnten König werden.

SIR THOMAS MALORY

Da ging Merlin zum Erzbischof
von Canterbury und riet ihm, alle Lords
des Reiches und alle Ritter bei Strafe
des Bannfluches zur Weihnacht nach London

zu laden, weil Jesus, der in dieser
Nacht geboren und als König
der Menschheit gekommen sei, durch ein
Wunder zeigen würde, wer der
rechtmäßige König des Reiches sein sollte

SIR THOMAS MALORY

FH 446
Colleen
Penzance

Die Königsprobe

Als das Morgengebet und die erste Messe vorüber waren, gewahrte man auf dem Platz vor der Kirche, dem Hochaltar gegenüber, einen großen, viereckigen Stein, wie ein Marmorblock, und mitten darauf etwas, ungefähr einen Fuß hoch, das wie ein stählerner Amboß aussah, darin stak, tief hineingestoßen, ein blankes Schwert, um das in goldenen Buchstaben geschrieben stand: Wer dieses Schwert aus diesem Stein und Amboß herauszieht, der ist der rechtmäßige König von ganz England.

SIR THOMAS MALORY

Excalibur und die weisen Frauen von Avalon

«Kommt», sagte Viviane und ging voran – in ihrem Reich gebührte der Herrin von Avalon der Vortritt, auch wenn ein König zugegen war. Sie verließen das Haus und gingen am Seeufer entlang zum Gebäude der Priester. Artus schritt schweigend neben Morgaine. Sie erwartete fast, er würde nach ihrer Hand greifen, wie er es als kleines Kind getan hatte . . . Aber jetzt war die kleine Hand, die sie gehalten hatte, die Hand eines Kriegers geworden – größer als ihre eigene und hart von vielen Schwertkampfübungen und der Ertüchtigung an anderen Waffen. Hinter ihnen folgten der Merlin und Kevin.

Sie stiegen eine schmale Treppe hinunter, und der dumpf-feuchte Geruch der Erde schlug ihnen entgegen. Morgaine sah niemanden Feuer schlagen, aber plötzlich glühte es in der Dunkelheit auf, und ein fahles Licht erleuchtete das Gewölbe. Viviane blieb so plötzlich stehen, daß sie gegen sie prallten. Morgaine dachte überrascht: Viviane ist klein und weich. Sie hat den Körper einer gewöhnlichen Frau. Sie ist kein entrücktes Abbild der Göttin. Die Herrin griff nach Artus' Arm. Ihre kleinen dunklen Finger konnten sein Handgelenk bei weitem nicht umspannen.

«Artus, Sohn der Igraine von Avalon und des Uther Pendragon, des rechtmäßigen Königs von ganz Britannien», sagte sie, «vor dir liegen die heiligsten Dinge deines Reiches.»

Im Licht blitzten Gold und Juwelen auf – der Kelch und die Schale, der lange Speer und die Schwertscheide mit den goldenen und silbernen Symbolen und Zeichen. Viviane zog aus der Scheide die lange, dunkle Klinge, an deren Knauf Edelsteine funkelten.

«Das Schwert der Heiligen Insignien der Druiden», sagte sie ruhig. «Schwöre mir, Artus Pendragon, König von Britannien, daß du Druiden ebenso gerecht behandeln wirst wie Mönche, wenn du den Thron besteigst. Schwöre, daß dich die Heilige Magie derer leiten wird, die dich auf den Thron gesetzt haben.»

Artus wollte mit großen Augen nach dem Schwert greifen. Morgaine erkannte an seinem Blick, daß er wußte, was da vor ihm lag. Viviane hielt ihn zurück.

«Das Heilige unvorbereitet zu berühren, bedeutet den Tod», warnte sie. «Erst schwöre, Artus. Mit diesem Schwert in der Hand wird dir kein Häuptling, Christ oder Heide, widerstehen können. Aber es ist kein Schwert für einen König, der sich verpflichtet hat, nur auf die Christenpriester zu hören. Wenn du nicht schwören willst, kannst du zurückgehen und Waffen tragen, die deine Anhänger in Jesu dir geben. Alle, die unter dem Gesetz von Avalon stehen, werden dir nur folgen, wenn wir es befehlen. Willst du den Schwur ablegen und sie durch die Heiligen Waffen von Avalon an dich binden? Triff deine Wahl, Artus!»

Er starrte sie an, runzelte leicht die Stirn, sein Haar wirkte fast weiß und glänzte im fahlen Licht: Er antwortete: «In diesem Land kann es nur einen Herrscher geben. Ich darf nicht von Avalon beherrscht werden.»

«Auch nicht von den Mönchen, die dich zum willenlosen Werkzeug ihres toten

Gottes machen wollen», entgegnete Viviane ruhig. «Aber wir werden dich nicht länger drängen. Entscheide dich, ob du das Schwert annehmen oder es zurückweisen willst, um in deinem Namen zu regieren, die Hilfe der Alten Götter füglich verschmähend.»

Morgaine sah, wie die Worte ihn betroffen machten – Artus dachte an den Tag, an dem er mit dem Hirschen gerannt war und die Alten Götter ihm den Sieg geschenkt hatten. Die Stämme hatten ihn zum König gewählt und ihm als erste gehuldigt. Schnell sagte er: «Gott bewahre, daß ich sie verschmähen wollte.» Er schluckte schwer und fragte: «Was muß ich schwören, Herrin?»

«Nur soviel: Allen Menschen Gerechtigkeit widerfahren zu lassen, gleich ob sie Christen sind oder nicht, und die Götter von Avalon zu ehren. Denn was die Christen auch sagen, Artus Pendragon, und wie sie ihren Gott auch nennen mögen, alle Götter sind ein Gott und alle Göttinnen nur eine Göttin. Schwöre, diese Wahrheit nie zu verleugnen, dich nicht an eine zu klammern und die andere zu verachten.»

«Du hast gesehen», sagte der Merlin, und seine tiefe, volltönende Stimme drang durch die Stille, «daß ich Christus wahrhaft verehre. Ich habe an ihrem Altar gekniet und ihr geweihtes Brot genommen.»

Artus sagte verwirrt: «O ja, das ist wahr, Ehrwürdiger Merlin. Und Ihr seid ein Ratgeber, dem ich mehr als allen anderen vertraue. Wollt Ihr, daß ich schwöre?»

«Mein Gebieter und mein König», antwortete Taliesin. «Ihr seid sehr jung für den Thron. Eure Christenpriester und Bischöfe maßen sich vielleicht sogar Macht über das Gewissen eines Königs an. Ich bin kein Priester, ich bin Druide. Ich sage nur: Weisheit und Wahrheit sind nicht das Eigentum eines Gottesdieners, welchen Glaubens auch immer. Befrage dein Gewissen, Artus. Es wird dir antworten, ob es falsch ist zu schwören, allen Menschen und Göttern Gerechtigkeit widerfahren zu lassen, anstatt nur einem Gefolgschaft zu geloben.»

Artus sagte gemessen: «Gut, dann will ich schwören und das Schwert annehmen.»

MARION ZIMMER BRADLEY

Wie Artus Ginevra zur Frau begehrte

In der ersten Zeit, nachdem Artus durch Wundertaten und göttliche Gnade zum König gewählt worden war, führten viele Könige und Fürsten große Kriege gegen ihn, denn die meisten der Barone wußten nicht, daß er Uther Pendragons Sohn war, bis Merlin es offenbarte; doch Artus besiegte sie alle, da er sich die meiste Zeit seines Lebens nach dem Rat Merlins richtete. So geschah es einmal, daß König Artus zu Merlin sagte: Meine Barone lassen mir keine Ruhe, ich muß mir durchaus ein Weib nehmen, aber ich will dies nur mit deinem Rat und deiner Hilfe tun. Es ist gut, meinte Merlin, daß Ihr ein Weib nehmen wollt, denn ein Mann von Euerm Edelmut und Adel sollte nicht ohne Weib sein. Gibt es nun eine, die Ihr mehr liebt als irgendeine andere? Ja, sagte König Artus, ich liebe Ginevra, die Tochter des Königs Lodegrance aus dem Lande Cameliard, der in seinem Hause die Runde Tafel hat, die er, wie du mir erzählt hast, von meinem Vater Uther bekam; und dieses Fräulein ist von allen, die ich kenne, die schönste und würdigste Dame.

SIR THOMAS MALORY

Herr, erwiderte Merlin, was ihre Gestalt
und Schönheit angeht, so ist sie
eine der Schönsten, die leben;
doch wenn Ihr sie nicht so sehr liebtet

wie Ihr es tut, könnte ich für Euch
ein schönes und gutes Fräulein finden,
das Euch gefiele und behagte –
wenn Euer Herz nicht gefangen wäre.

Aber Merlin gab dem König
heimlich zu verstehen, es wäre
nicht gut für ihn, wenn er
Ginevra heirate, denn Lanzelot
liebte sie und sie ihn wieder.

Merlin ritt zu König Lodegrance
von Cameliard und teilte ihm mit,
König Artus wolle seine Tochter
Ginevra gern zur Frau haben.
Das ist, sagte König Lodegrance,
die beste Botschaft,
die ich je vernommen habe,
daß ein so würdiger, tapferer und
edler König meine Tochter
zur Frau begehrt. Und damit
übergab König Lodegrance
seine Tochter Ginevra an Merlin
und dazu die Runde Tafel
mit den hundert Rittern, und sie
fuhren mit festlichem Gepränge
munter dahin, teils zu Wasser,
teils auf dem Lande.

SIR THOMAS MALORY

Liebe zwischen den Ruinen

Wo in gedämpften Farben
das Ende des Abends lächelt,
Meile um Meile
auf den einsamen Matten,
wo unsere Schafe
halb im Schlaf
durch die Dämmerung heimwärts bimmeln,
abschweifen oder innehalten,
während sie grasen –
war einst der Ort einer
großen und vergnügten Stadt
(so heißt es),
ja sogar der Hauptstadt unseres Landes;
sein Herrscher hielt
vor langer Zeit
Hof in ihr, versammelte seinen Rat,
entschied weit und breit
über Krieg und Frieden.

ROBERT BROWNING

Kein Fieber ist stärker als das Suchen
in der Vergangenheit, wärmt das Blut
so sehr wie das Graben nach verborgenen
Schätzen, und wer daran teilhat,
ist für die Sorgen der Gegenwart verloren.

DAPHNE DU MAURIER

Die Steine, wie der natürliche Granit,
der von der Natur aufgeworfen
wird, trotzen allen Jahrhunderten. Neben
ihnen zu stehn, ob nun auf den

Höhen von West Penwith, mitten im
Farnkraut des Helman Tor oder
in dem kleinen Feld oberhalb von
St. Cleer ist, als würde man

ein Loch in der Mitte wie der Mên-an-Tol
bei Lanyon, so gab es nichts
Klügeres, als neunmal gegen die Sonne

eine Mahnung, auf irgendeinem Hügel
oder Hang, halbverborgen
vielleicht von Farnkraut und Dornen,

Verwelken der Zweige

Ich weiß von den Pfaden durchs Laub,
wo die Hexen fliegen,
Die mit heimlichem Lächeln und Spindeln
und Perlenkronen
Aufsteigen vom tiefen Grund des Sees,
wo sie wohnen;
Ich weiß, wo der Mond trüb sich senkt,
wo die Elfen geschwind
In kühlem silbernem Licht
im Tanze sich wiegen
Auf dem Rasen der Insel
im fahlen glimmernden Schaum.
Die Zweige wurden nicht welk
vom Winterwind,
Sie wurden welk,
weil ich ihnen erzählt meinen Traum.

Ich weiß vom schläfrigen Lande,
wo wunderbar
An goldenen Ketten die Schwäne
fliegen und singen.
Und König und Königin wandern da,
und das Klingen
Macht sie glücklich und hoffnungslos,
taub und blind
Vor Weisheit, sie wandern
Jahr um Jahr.
Ich weiß es und Eule und Kauz
am Ufersaum.
Die Zweige wurden nicht welk
vom Winterwind,
Sie wurden welk,
weil ich ihnen erzählt meinen Traum.

WILLIAM BUTLER YEATS

Diese Insel

Schau, Fremder, nun auf diese Insel,
das flammende Licht enthüllt
  sie zu deinem Entzücken,
steh sicher hier
und schweig,
daß durch die Gänge des Gehörs
wandern kann wie ein Fluß
der wiegende Ton der See.

Hier, wo das kleine Feld zu Ende, halte ein,
wenn die Kreidewand stürzt in die Gischt
  und ihre hohen Felsen
dem Reißen widerstehn
und dem Hämmern der Flut
und der Kies kriecht der schlürfen-
den Brandung nach
und die Möwe verharrt
einen Augenblick auf der steilen Klippe.

W. H. AUDEN

Der Seher

Merlins Sprüche und Weissagungen aber
wurden von dieser Zeit an immer
dunkler, und viele verstanden sie erst,
nachdem sie eingetroffen waren.

MARIA CHRISTIANE BENNIG

Ritter für Artus

Merlin suchte im ganzen Land
Ritter für die Tafelrunde,
und er erwählte nur die besten
unter ihnen.

MARIA CHRISTIANE BENNIG

Die edlen Ritter der Tafelrunde

Die Königin faßte sie
freundlich an der Hand,
und ging dahin, wo der König
seinen rechtmäßigen Platz hatte,
mit vielen tapferen Rittern
in der Tafelrunde.
Die damals oder später
dort gesessen hatten,
von denen hatte einer unbestreitbar
den höchsten Anteil am Ruhm.
Das sagten sie alle,
denn nach der Fama
hatte er niemals eine Leichtfertigkeit
begangen
und hatte so zahlreiche Tugenden,
daß man ihn heute noch
für einen der hervorragendsten
Männer hält,
die sich jemals dort aufhielten.
Daher hatte von Rechts wegen
seinen Platz in der Tafelrunde
Gawein, der tapfere Ritter.
Dabei Erec, der Sohn des Königs Lac,
und Lanzelot von Arlac
und Gornemanz von Groharz
und Coharz, der Schöne,
und Lais, der Kühne,
und Meljanz von Liz
und Maldwiz, der Weise,
und der wilde Dodines
und der gute Gandelus.
Bei dem saß Esus,
dann der Ritter Brien
und Iwein, der Sohn des Königs Urien
und der ehrbegierige
Iwan von Lonel.

Weiter saßen da
Iwan von Lafultere
und Onam von Galiot
und Gasosin von Strangot.
Gleich daneben saß,
der «mit dem goldenen Bogen» hieß,
Tristram und Garel,
Bliobleherin und Titurel,
Gardeas von Brebas,
Gues von Strauz und Baulas,
Gaueros von Rabedic
und der Sohn des Königs Ganedic,
Lis von den fünf Breitschwertern,
Isdex vom Schmerzensberg,
Ither von Gaheviez,
Maunis und Galez, der Kahle,
Grangodoans und Gareles
und Estorz, der Sohn des Ares,
Galagaundris und Galoes
und der Sohn des Herzogs Giloles,
Lohut, der Sohn des Königs Artus,
Segremors und Praueraus,
Blerios und Garredoinechschin,
Los und Troimar, der Junge,
Brien mit der flinken Zunge
und Equinot, der Sohn
des Grafen Haterel,
Lernfras, der Sohn des Gain,
und Henec, der Gewandte,
der Sohn des Gawin,
Le und Gahillet,
Maneset von Hochturasch
und Batewain, der Sohn
des Königs Cabcaflir.

HARTMANN VON AUE

Die Jugend des Helden Lanzelot

In jenen Tagen, als König Arthur zu Beginn seiner Herrschaft mit den aufständischen Fürsten kämpfte, geschah es, daß der König von Schottland in England einfiel und die Burg König Bans von Benwick berannte und eroberte. König Ban konnte mit seiner Frau und seinem jüngsten Sohn, der Lanzelot hieß, nur mit knapper Not entfliehen, war aber so schwer verwundet, daß er auf der Flucht starb. Während die Königin um ihn klagte, erschien plötzlich Nymue, die Dame vom See, und nahm den Knaben Lanzelot in die Arme.

«Was tut Ihr?» fragte die Königin. «Gebt mir sofort mein Kind wieder!» – «Nein, Königin», antwortete die Dame vom See mit einem seltsamen Lächeln, «ich werde Euch den Knaben nicht zurückgeben. Er hat keinen Vater mehr, der ihn beschützen kann.»

Im nächsten Augenblick war Nymue mit dem Kind verschwunden. So kam es, daß Lanzelot in der Anderen Welt aufwuchs, in Faery, wo es kein Leid und keine Tränen gibt, wo die Blumen immer blühen, die Quellen rein wie ungetrübtes Glas sind, Winter und Frost die Blüten nicht erstarren lassen und das Böse unbekannt ist. Wenn auch Lanzelot später, als er in die Welt der Menschen zurückkehrte, nicht immer recht tat und fehlte wie jeder andere Sterbliche, so vergaß er doch nie die Andere Welt. – Als Lanzelot 18 Jahre alt geworden war, brachte ihn die Dame vom See zu König Arthur.

KÄTHE RECHEIS

Das Geheimnis des kostbaren Horns

König Artus veranstaltete, wie man sagte, an einem Pfingsttag in Carlion ein Fest. Der König hatte von überall her seine Lehensmänner aufgeboten; aus Esparlot in Britannien, aus Deutschland, aus einer Stadt in Holland und bis hinab nach Irland hatte er seine Vasallen geladen. Und alle kamen an diesem Tage, Große und Geringe. Aber ehe sie gespeist hatten, sollten noch alle in Zorn geraten; seht dort einen jungen Mann, sehr stattlich und schön, auf einem schnellen Pferd; er kam in den Palast geritten und hielt ein Horn mit vier goldenen Bändern daran in der Hand. Das Horn war aus Elfenbein – nie sah man eines, das so groß und schön war und soviel Flüssigkeit fassen konnte. Unten an dem Horn war ein mit Silber ausgelegter Ring angebracht, und hundert ganz kleine Glöckchen aus lauterem Gold hingen daran.

Dieses Horn verfertigte eine Fee, die spottlustig und erzürnt war; und sie bestimmte über das Horn, es könne niemand jemals daraus trinken – wie klug oder dumm er auch sei –, wenn er von seiner Frau betrogen werde, eifersüchtig sei oder wenn seine Frau jemals einen unerlaubten Gedanken hege, der einem anderen als ihm gelte; dann werde das Horn nicht dulden, daß er daraus trinke, sondern es werde über ihn ergießen, was man hineingefüllt habe.

ROBERT BIKET

JOSEPH
MEMORY

MARGERY

Gott, wie manche frohgemute Dame
erzürnte sich an diesem Tag darüber. Keine
war so treu, daß sie nicht den Blick
zu Boden senkte. Selbst die Königin hielt
darum den Kopf geneigt.

ROBERT BIKET

König Artus aber achtete lange Zeit nicht
der bösen Zungen, die sein Herz vergiften
wollten. Er liebte und ehrte seine Gemahlin
Ginevra, ohne zu merken, wie sehr

Schließlich aber wuchs sein Argwohn
und wuchs mit jedem Tag mehr,
und Zweifel beschlichen sein Herz.
Und böse Ahnungen begannen

Von der Entdeckung einer verbotenen Liebe

Da fragte König Artus, worum sie so stritten. Mein König, antwortete ihm Agrawein, ich werde Euch berichten, was ich nicht mehr verschweigen kann. Ich sprach mit meinen Brüdern Gawein, Gaheris und Gareth über etwas, was uns allen bekannt ist, daß nämlich Sir Lanzelot ein Verhältnis mit Eurer Königin hat, und zwar seit langer Zeit. Wir sind Söhne Eurer Schwester und wollen das nicht länger dulden. Wir alle wissen, daß Ihr über Sir Lanzelot stehen solltet. Ihr seid der König, der ihn zum Ritter geschlagen hat, und wir wollen beweisen, daß er ein Verräter gegen Eure Person ist. Wenn das stimmt, was ihr sagt, antwortete König Artus, dann ist er nichts anderes. Aber ich möchte die Sache nicht gern weiterbetreiben ohne Beweise, denn Sir Lanzelot ist ein kühner Ritter. Ihr wißt, er ist der beste von uns allen. Wenn man ihn nicht auf frischer Tat ertappt, wird er den zum Kampf herausfordern, der die Anklage vorbringt, und ich kenne keinen Ritter, der es mit ihm aufnehmen könnte. Deshalb möchte ich, wenn es wahr ist, was ihr sagt, daß ihr ihn bei der Tat ergreift. Der König war nämlich sehr erbost darüber, daß es Gerüchte über Sir Lanzelot und Ginevra gab. Zwar vermutete er etwas, aber er wollte nichts davon hören. Denn Sir Lanzelot hatte sehr oft so viel für ihn und die Königin getan, daß er ihn wahrlich über alle Maßen liebte. Mein König, sagte Sir Agrawein, reitet morgen zur Jagd, und zweifelt nicht, Sir Lanzelot wird Euch nicht begleiten. Wenn die Nacht hereinbricht, sendet der Königin Botschaft, daß Ihr die Nacht über wegbleibt, und schickt nach Euren Köchen. Dann werden wir ihn, bei unserem Leben, in dieser Nacht bei der Königin ertappen und ihn tot oder lebendig zu Euch bringen. Ich bin einverstanden, antwortete der König, aber ich rate euch, nehmt zuverlässige Gefährten mit. Herr, sagte Agrawein, mein Bruder Sir Mordred und ich werden zwölf Ritter der Tafelrunde mitnehmen. Seht euch vor, erwiderte König Artus, ich warne euch vor seiner Tapferkeit. Laßt uns nur machen, sagten Sir Agrawein und Sir Mordred. Am nächsten Morgen ritt der König zur Jagd aus und ließ der Königin bestellen, er würde die ganze Nacht ausbleiben. Sir Agrawein und Sir Mordred nahmen sich zwölf Ritter und verbargen sich in der Burg von Carlisle.

Sir Lanzelot nahm sein Schwert unter den Arm und machte sich, nur mit einem Mantel bekleidet, auf den Weg und begab sich so in große Gefahr. Unbehelligt gelangte er zum Gemach der Königin und wurde dort schnell eingelassen. Dann waren die Königin und Sir Lanzelot beisammen, aber ob sie im Bett lagen oder sich anders vergnügten, soll nicht weiter erwähnt werden, denn die Liebe war zu jener Zeit nicht, wie sie heutzutage ist. Während sie so beieinander waren, kamen Sir Agrawein und Sir Mordred mit zwölf Rittern der Tafelrunde und riefen: Sir Lanzelot vom See, du Verräter, jetzt bist du ertappt. So schrien sie mit lauter Stimme, damit der ganze Hof es hören sollte. Die vierzehn waren in allen Stücken gewappnet, als wollten sie eine Schlacht schlagen. Wehe, sagte Königin Ginevra, jetzt sind wir beide verloren. Hohe Frau, erwiderte Sir Lanzelot, habt Ihr in Eurem Gemach nicht eine Rüstung, damit ich meinen bloßen Leib bedecken kann? Wenn Ihr eine habt, dann gebt sie mir, und ich werde mit Gottes Hilfe ihre Bosheit bald zum Schweigen bringen. Ach, antwortete die Königin, ich habe weder Rüstung noch Schild, Schwert oder Lanze. Ich bin in großer Furcht, daß unsere lange Liebe nun ein unseliges Ende findet, denn ich höre an dem Lärm, daß da viele edle Ritter sind. Sicherlich sind sie alle wohl gewappnet, und Ihr könnt keinen Widerstand leisten. Darum werdet Ihr wohl erschlagen werden, und mich wird man verbrennen. Wenn Ihr nur fliehen könntet, würdet Ihr mich sicher retten.

Dann nahm er die Königin in die Arme, küßte sie und sagte: Höchst edle christliche Königin, ich bitte Euch, betet für meine Seele, wenn ich erschlagen werden sollte. Ihr wart stets meine einzige gütige Dame, und ich war nach meinen Kräften allzeit Euer treuer und ergebener Ritter. Ich habe Euch im Recht und im Unrecht immer Beistand geleistet von dem Tage an, da mich König Artus zum Ritter geschlagen hat. Ich bin ganz sicher, mein Neffe Sir Bors und alle übrigen meiner Sippe und auch Sir Lavaine und Sir Urre werden nicht zögern, Euch vor dem Feuertod zu retten. Darum seid getrost und geht mit meinem Neffen Sir Bors und mit Sir Urre. Sie werden alle Eure Wünsche erfüllen, soweit sie es nur vermögen, damit Ihr wie eine Königin auf meinen Ländereien leben könnt. O nein, Lanzelot, sagte die Königin, ich will nicht länger leben als du. Wenn du erschlagen wirst, will ich um Jesu Christi willen so demütig in meinen Tod gehen wie nur je eine christliche Königin. Nun, hohe Frau, da wir von unserer Liebe scheiden müssen, will ich mein Leben teuer verkaufen.

Damit riß Sir Lanzelot die Tür weit auf und stellte sich ihnen kraftvoll und ritterlich entgegen, und gleich mit dem ersten Streich tötete er Sir Agrawein. Nach kurzer Zeit lagen zwölf von dessen Anhängern entseelt am Boden, denn keiner von ihnen konnte den Streichen Sir Lanzelots standhalten. Auch Sir Mordred wurde verwundet, aber er floh in großer Hast. Dann kehrte Sir Lanzelot zur Königin zurück und sagte: Hohe Frau, das Ende unserer treuen Liebe ist gekommen, denn von nun an wird König Artus für immer mein Feind sein. Doch wenn es Euch gefällt, hohe Frau, mit mir zu kommen, werde ich Euch vor allen Gefahren schützen. Das wäre nicht gut, antwortete die Königin. Da Ihr nun soviel Unheil angerichtet habt, scheint es mir besser zu sein, Ihr verhaltet Euch ganz ruhig, und wenn Ihr seht, daß sie mich morgen in den Tod schicken wollen, dann mögt Ihr mich retten, wenn Ihr könnt. Das will ich, sagte Sir Lanzelot, denn zweifelt nicht, solange ich lebe, werde ich Euch immer beistehen.

SIR THOMAS MALORY

Eine Königin verteidigt ihre Liebe

Laßt mich sprechen. Ihr sprecht, klagt und droht mir in einem fort. Und wenn es so wäre, ich wiederhole es. Ihr habt mich zu einer Ehe ohne Liebe gezwungen. Ich hatte die größte Achtung, die größte Freundschaft für Euch. Mit aller Offenheit erklärte ich Euch die Art meiner Zurückhaltung und meinen Widerwillen, mich zu binden, ohne zu wissen, was aus meinem Herzen würde. Ihr seid darüber hinweggegangen. Mein Herz bleibe frei, so habt Ihr mir geantwortet, die Liebe werde mit der Zeit erwachen, und sollte dies nicht der Fall sein, so wolltet Ihr Euch mit einer reinen Freundschaft begnügen; ich sei noch zu jung und könne es nicht verstehen. Da kam Lanzelot. Er kam vom See. Kühnheit umgab ihn und etwas Übernatürliches, das ihn strahlend erscheinen ließ. Er war jung, schön, tapfer und unwiderstehlich. Gebt es zu! Ihr zuerst und schließlich Alle verfielen seinem Zauber. Und Ihr liebtet ihn, und wir liebten ihn, und ich liebe ihn; was klagt Ihr mich an, das zu lieben, was Ihr liebt, und jeder liebt – zu bewundern, was alle bewundern?

JEAN COCTEAU

Vom heiligen Wahnsinn Lanzelots

Lanzelot, der Sinne und des Gedächtnisses beraubt, zieht nackt und von der Sonne verbrannt durch die Lande, ohne zu wissen, wohin er geht. Schließlich beruhigt sich sein verwirrter Geist, und in sein geplagtes Herz zieht köstliche Ruhe ein. In ihm keimt die Sehnsucht nach Gott; er macht sich auf zur Suche nach dem Heiligen Gral.

LANZELOT UND GINEVRA BUCH III

Die Weltenmuschel

Die Weltenmuschel ist eine riesige
hohle Erdform, ein unermeßlicher
Gehärteter Schatten aller Dinge
auf unsrer gewachsenen Erde,
Vergrößert ins Maßlose und ins
Grenzenlose hinausgezerrt
Zu siebenundzwanzig Himmeln
und all ihren Höllen, mit Chaos
Und uralter Nacht und dem Fegefeuer.
Gehöhlte Erde ist sie,
Von labyrinthischer Wirrnis und
siebenundzwanzigfacher
Undurchdringlichkeit,
Und endet dort, wohin die Lerche
sich erhebt.

WILLIAM BLAKE

Cornischer Zauber...

Wir traten ein in
verwunschene Räume und
leuchteten das Dunkel
aus mit den Fingerspitzen.

INGEBORG BACHMANN

. . . und cornisches Licht

Doch wenn die wenigen bezaubernden Tage kommen,
an die man sich nachher immer dankbar
erinnert, so erwachen sie in schimmerndem Dunst
und fast griechischer Schönheit.

DAPHNE DU MAURIER

Ich höre ein Heer

Ich höre ein Heer anstürmen
gegen das Land
und den Donner von sprengenden Rossen;
Schaum um die Knie,
vermessen, in schwarzer Rüstung,
stehen dahinter,
Zügel verschmähend, mit fliegenden
Peitschen die Wagenlenker.

Sie schreien zur Nacht ihren Schlachtruf:
Ich stöhne im Schlaf, wenn von ferne
ich höre ihr rasendes Lachen.
Sie zerreißen das Dunkel der Träume,
blendende Flamme,
klingend, klingend auf das Herz
wie auf einen Amboß.

Sie kommen und schütteln ihr
langes, grünes Haar im Triumph:
Sie steigen aus dem Meer,
überrennen mit Jauchzen das Land.
Bist du nicht weise, mein Herz,
daß du so sehr verzweifelst?
Mein Lieb, mein Lieb, mein Lieb,
warum ließest du mich allein?

JAMES JOYCE

Im Wesen der Bewohner Cornwalls
schwelt unter der Oberfläche,
stets bereit, sich neu zu entzünden,
eine wilde Unabhängigkeit,
ein zäher Stolz.

Aberglaube strömt durch ihr Blut.
Klippen und Felsen, Hügel und Täler tragen
die Spuren von Menschen, die vor langer
Zeit ihre Toten in großen Grabhügeln begruben
und eine Erdgöttin anbeteten.

DAPHNE DU MAURIER

An die Nacht

Wandle schnell übers westliche Meer,
O Geist der Nacht,
Von des Ostens nebliger Höhe her,
Wo der Tag hindurch in einsamer Pracht
Du Träume von Lust und Leid gewebt,
Bei denen man jauchzt, bei denen man bebt
Komm schnell und sacht!

Hüll dich ein in ein dunkles Gewand
Mit Sternenzier!
Dein Haar verdunkle des Tages Brand,
küß ihn, bis ganz er erlegen dir;
Dann wandre weit über Stadt und Land,
Bis dein Mohnstab alles in Schlummer bann
O komm zu mir!

PERCEY B. SHELLEY

Wie der Zauberer Merlin
möchte ich durch die Wälder ziehn
will hören was die Winde schrein
will wie die Vögel am Himmel sein
will wie der Wolf auf Beute lauern
will nachts unterm grauen Felsen kauern

Christus vertreibt die heidnischen Götter

Der von tausend Glühbirnen illuminierte Christus vertreibt die heidnischen Götter. Blitze zerreißen den Himmel. Gebrüll. Schrilles Gekreisch. Scheinwerfer stöbern die heidnischen Götter auf. Sie fallen von hoch oben hinunter ins Dunkel. Sie flüchten in die Wälder, sie verstecken sich in den Städten.

TANKRED DORST

Die Legende von den beiden Welten

«Und so ist es auch mit der Heiligen Insel», erklärte der Merlin. «Vor vierhundert Jahren schworen die Priester uns einen Eid... noch ehe die Römer hierherkamen und versuchten, unser Land zu erobern. Sie schworen, sich nie gegen uns zu erheben und uns mit Waffengewalt zu vertreiben. Denn wir waren vor ihnen da; sie kamen damals als Bittsteller, und sie waren schwach. Sie haben den Schwur nicht gebrochen... das muß ich ihnen zugute halten. Aber im Geist, in ihren Gebeten haben sie nie aufgehört, gegen uns zu kämpfen. Denn ihr Gott soll unsere Götter vertreiben; ihr Wissen soll über unsere Weisheit herrschen. In unserer Welt, Igraine, ist Platz für viele Götter und viele Göttinnen. Aber in der Welt der Christen... wie soll ich es sagen?... ist kein Platz für unser Wissen oder unsere Weisheit. In ihrer Welt gibt es nur einen Gott. Er muß nicht nur alle anderen Götter besiegen, er muß auch so tun, als gäbe es keine anderen Götter, ja, habe es nie andere Götter gegeben, sondern nur Götzen, das Werk ihres Teufels. Und das, damit alle Menschen durch den Glauben an ihn in diesem einen Leben gerettet werden. Daran halten sie fest.

Es gibt jetzt zwei Britannien, Igraine: ihre Welt unter dem einen Gott und Christus und daneben und dahinter die Welt, in der die Große Mutter noch immer herrscht, die Welt, in der das Alte Volk beschlossen hat zu leben und der Göttin in Ehrfurcht zu dienen. Es ist schon einmal geschehen. Damals zog sich das Volk der Feen, der leuchtenden Wesen aus unserer Welt zurück. Sie verschwanden weiter und weiter in den Nebeln, und nur hin und wieder kann ein Wanderer eine Nacht in den Bergen der Elfen verbringen. Dann vergeht die Zeit ohne ihn, und wenn er nach einer einzigen Nacht vielleicht wieder zurückkommt, stellt er fest, daß seine Angehörigen alle tot und ein Dutzend Jahre verstrichen sind. Ich sage dir, Igraine, das gleiche geschieht jetzt. Unsere Welt, in der die Göttin und der Gehörnte, ihr Gefährte, herrschen, die Welt, die du kennst, die Welt vieler Wahrheiten, wird aus dem großen Strom der Zeit abgedrängt. Schon heute, Igraine, kann ein Reisender, der sich ohne Führer auf den Weg nach Avålon macht, die Insel nur erreichen, wenn er den Weg wohl weiß. Sonst findet er nur die Insel der Priester. Für die meisten Menschen ist unsere Welt bereits in den Nebeln des Sommersees verschwunden. Es begann schon, bevor die Römer sich aus Britannien zurückzogen. Heute überziehen Kirchen das ganze Land, und unsere Welt entfernt sich weiter und weiter. Deshalb war auch unsere Reise so lang; weniger und weniger Städte und Straßen des Alten Volkes bleiben, um uns aufzunehmen und zu leiten. Noch berühren sich die Welten, noch liegen sie dicht wie Liebende nebeneinander. Aber sie treiben auseinander; und wenn man dem nicht Einhalt gebietet, wird es eines Tages zwei Welten geben.»

MARION ZIMMER BRADLEY

Die Motive

Martin Thomas photographiert mit Minolta-Kameras und -Objektiven auf Kodak-Filmmaterial.

Bibliographie

Der Verlag dankt den Copyright-Besitzern für die freundliche Genehmigung zum Nachdruck:

Seite 55
W. H. Auden: Diese Insel. In: Willi Erzgräber/Ute Knödgen: Moderne englische Lyrik deutsch/englisch. Philipp Reclam Jun. Verlag, Stuttgart 1976.

Seiten 58/59
Maria Christiane Bennig: König Artus und Merlin. J. Ch. Mellinger Verlag, Stuttgart 1980.

Seiten 72, 76/77
Robert Biket: Lai du Cor. In: Karl Langosch (Hg.): König Artus und seine Tafelrunde. Europäische Dichtung des Mittelalters. Philipp Reclam Jun. Verlag, Stuttgart 1980.

Seite 90
William Blake: Die Weltenmuschel. In: Georg von de Vring (Hg.): Angelsächsische Literatur aus sechs Jahrhunderten. Verlag Kiepenheuer & Witsch, Köln/Berlin 1962.

Seite 47
Robert Browning: Verwelken der Zweige. In: Dieter Mehl (Hg.): English poems / Englische Gedichte. Edition Langewiesche-Brandt, Ebenhausen 1965.

Seite 85
Jean Cocteau: Die Ritter von der Tafelrunde. Verlag Kurt Desch, München/Wien/Basel 1962.

Seiten 96 f., 103
Tankred Dorst: Merlin oder Das Wüste Land. Suhrkamp Verlag, Frankfurt am Main 1981.

Seiten 8, 48–51, 93, 100/101
Daphne du Maurier: Cornwall-Saga. Schweizer Verlagshaus, Zürich 1984.

Seite 61 f.
Hartmann von Aue: Erec. Fischer Taschenbuch Verlag, Frankfurt am Main 1972.

Seite 94
James Joyce: Ich höre ein Heer. In: Willi Erzgräber / Ute Knödgen: Moderne englische Lyrik deutsch/englisch. Philipp Reclam Jun. Verlag, Stuttgart 1976.

Seiten 80/81, 86
Lanzelot und Ginevra. In: Karl Langosch (Hg.): König Artus und seine Tafelrunde. Europäische Dichtung des Mittelalters. Philipp Reclam Jun. Verlag, Stuttgart 1980.

Seiten 18 ff., 23, 30/31, 33, 36, 42–44, 83 ff.
Sir Thomas Malory: Die Geschichten von König Artus und seiner Tafelrunde. In drei Bänden. Insel Verlag, Frankfurt am Main 1977.

Seite 25
Kathleen Raine: Lied. In: Ursula Clemens (Hg.): Von Hopkins bis Dylan. Englische Gedichte / deutsche Prosaübertragungen. Fischer Verlag, Frankfurt am Main/Hamburg 1961.

Seite 70
Käthe Recheis: König Artus und die Ritter seiner Tafelrunde. Hoch Verlag, Düsseldorf 1974.

Seite 13
Dylan Thomas: Unter dem Milchwald / Ganz früh eines Morgens / Ein Blick aufs Meer. Aus dem Englischen übertragen von Erich Fried. Carl Hanser Verlag, München 1973.

Seite 99
Percey B. Shelley: An die Nacht. In: Siegfried Schmitz (Hg.): Lyrik der englischen Romantik. Winkler Verlag, München 1967.

Seite 53
William Butler Yeats: Verwelken der Zweige. In: Die Insel. Englands Lyrik seit Swinburne. Saturn Verlag, Wien 1934.

Seiten 14–17, 34 ff., 104
Marion Zimmer Bradley: Die Nebel von Avalon. Aus dem Amerikanischen von Manfred Ohl und Hans Sartorius. S. Fischer Verlag, Frankfurt am Main 1983.